JN440375

비둘기 경제학

황상순 시집

시인동네 시인선 118

황상순 시집

비둘기 경제학

시인동네

시인의 말

추사의 세한도—.

풍경화 인물화는 그만 그리고 이젠 추상화다. 아니다, 민화를 그려야 한다. 아니다, 하이퍼니 뭐니 알 듯 모를 듯 좀 헷갈리게, 사조에 맞게 푸른 색깔로 젊게 그려야 한다. 아니야, 네가 늘 그리던 대로 그려. 너는 너니까.

피카소는 피카소고
세한도는 세한도고
나는 나일 뿐이고.

2019년 11월
황상순

차례

시인의 말

제1부

권고사직 · 13
리스트 · 14
별똥 천문 · 16
물벼룩 창세기 · 17
광화문 느티나무에 대한 단상 · 18
적막(寂寞) · 20
비둘기 경제학 · 21
구름감상협회 · 22
명품 · 24
고슴도치 사랑법 · 25
세한도 옛집 · 26
은행나무의 침묵 · 28
발가락양말 · 29
상상 파티 · 30
학문의 전당 · 32

제2부

한계령 · 35

이스탄불의 물장수 · 36

아나스타샤 · 38

엉뚱한 손님 · 40

엘리베이터를 타고 소풍을 가다 · 41

여우, 꼬리에 비밀을 감추다 · 42

트로이 전쟁 징비록 · 44

양들의 식탁 · 46

꿈꾸는 사과박스 · 47

크로마뇽인 레시피 · 48

다시 바빌론 강가에서 · 50

종합선물세트 · 52

뱃삯 · 54

어떤 눈 · 56

봄날의 가벼운 담소 · 58

퇴고사(推敲史) · 60

제3부

좋은 이름 · 63
상수리나무의 비밀 · 64
희망, 대한민국 · 65
경천(敬天) · 66
도시의 흉년 · 68
귀가 · 69
고즈넉한 때 · 70
만선 · 72
마술 손 · 73
가을 나비 · 74
겸상 · 75
시(詩)야, 미안하다 · 76
상처 받은 마음들에 대하여 · 77
물속의 부석사 · 78
까만 눈 · 79
이사 · 80

제4부

꽃의 시간 · 83

꽃의 기억 · 84

달걀프라이 꽃 · 86

농단 시대 · 88

그냥, 웃지요 · 90

아내와 바다 · 91

춘자야, 춘자야 · 92

화려한 예식 · 94

니르바나의 저녁 · 96

보물찾기 · 98

오팔팔 · 100

동쪽 이상국 전(傳) · 102

관아에 고변된 사건의 전말은 이러했다 · 105

효자동의 아침 · 106

무청 말리는 법 · 108

해설 낡아버린 세계와 기억의 안간힘 · 109
이정현(문학평론가)

제1부

권고사직

태풍 지난 후
그가 떠난 빈자리로 모처럼 햇살이 찾아왔다
응, 어디 갔지? 어디 갔을까?
바람에 흔적 없이 쓸려간 것을 모르는 듯
눈치 둔한 햇살은 종일토록
주인 잃은 책상을 어루만지고 있다.

리스트

이름이 없다. ㄱ에서 ㅎ까지, 다시 밑에서 위까지 면밀히 살펴봐도 이름이 보이지 않는다. 예감이 좋지 않다. 저 블랙리스트에 내가 없다니.

검은 것은 나쁜 것, 하얀 것은 좋은 것. 블랙과 화이트를 구별하는 것은 피 한 방울만으로도 명백히 드러나는 일. 너무 많은 생체실험으로 리트머스 재고가 바닥이 났기 때문일까. 나는 가슴에 주홍 글씨를 달지 못하였다. 나는 발바닥에 N극도 S극도 갖추지 못한 맹탕 행성이어서 어느 은하에도 가닿지 못하였다.

블랙홀은 왜 나를 빨아들이지 않았지?
화이트홀은 왜 나를 삼키지 않았지?

거울을 들여다봐도 얼굴이 없다. 거울 뒷면을 샅샅이 살펴봐도 몸이 보이지 않는다. 머리는 깃털마냥 날아가고 손도 발도 보이지 않아 나는 이제 투명 망토를 걸친 인간이다. 그렇다, 어떤 색깔의 리스트에도 내가 존재하지 않는다. 어느 행성에서도 무색투명한 나를 찾지 못한다.

가장 중요한 것은 보이지 않는 것. 섬세한 손길로 연주하는 리스트의 협주곡 1번 피아노 소리는 귀로나 듣는 것.

그렇다, 리스트는 리스트고 나는 나일 뿐이고,
나는 단지 먼발치서 일곱 색깔 투명한 무지개를 사랑할 뿐.

별똥 천문

자정 지나 뒤풀이 행사도 끝나고
동동주에 걸게 취한 몸 마루에 뉘어
제갈량의 눈으로 별들의 배치와 운행을 살펴보니
별과 별 사이 북촌 한옥마을보다 많은 골목길
오작교처럼 이어진 다리들이 보인다
일진 참 훌륭쿠나!
밤꽃 향기도 길한 이 좋은 봄밤에
젊은 것들은 서로 마실도 자주 다니는지
골목길에 호롱불이 일렁이고
은하수 길게 하품을 토하는 축시 무렵
큰곰자리에 든 노시인의 잠꼬대 소리가
버선발로 문지방을 넘는다
너는 명왕성처럼 멀다
길은 멀고 너는 등 돌리고 눈을 감았는데
화공이며 적벽대전이 무슨 소용이랴
대왕거미로 그대 숨죽여 깃든 별은 어디인가
술에 취한 별 하나 발을 헛디뎌
지상 저편으로 까마득 떨어져 내린다.

물벼룩 창세기

먹장구름을 불러 잠시 비를 내리게 하시니
가시연 넓은 잎 위에 물방울 세계가 만들어지도다
손 한번 저어 휙 바람을 일으키시니
작은 물방울들은 뭉쳐져 하나의 큰 물방울 세상을 이루도다
이처럼 연잎 아래와 연잎 위의 세상을 새로 만드시고
저녁이 되고 아침이 되니
연잎 위 물방울 세상 속에 물벼룩이 가득 번창하도다
여길 벗어나면 우주에 이를 수 있으련만
물의 장막이 벽돌 감옥보다 더 견고하구나
이를 긍휼이 여겨 이르시되
천하의 물은 한곳으로 모이고 뭍이 드러나라,
하시니 그대로 되니라
물의 감옥을 벗어난 벼룩은 크게 기뻐하며
푸르고 깊은 못으로 잽싸게 뛰어들었다 하더라
그 이상도 그 이하도 아니니라
구름을 지나는 달처럼
자애로운 영은 수면 위를 조용히 운행하시니라.

광화문 느티나무에 대한 단상

큰 비를 몰고 오려는 듯 세차게 바람이 불었다.

광장 한가운데 느티나무의 무성한 잎들이 마구 뒤집어지며 아우성을 친다. 앞산 뒷산에 큰 풍랑이 일었다. 내가 무얼 잘못했냐며, 억울하다며 한사코 바람에 맞서고 있다. 부디 머릿결 고운 솔로몬 왕을 초빙하라.

참다못한 내각이 불온을 잠재우려고 물대포를 장전했다. 쏟아지는 비난과 아우성이 뒤섞여 한바탕 흙탕물이 되어 흐른다. 거센 비바람에 조각 조각난 마음들이 유령처럼 한동안 마을을 떠돌았다. 그렇다, 저것들은 늘 눈에 밟히고 짠한 존재, 가여운 그들을 결코 비난하지 마라.

비 그치고 바람 잦아들자 모든 것은 다시 고흐의 그림 속 일상으로 돌아갔다. 별들이 일찍 떴는지 모르겠다. 밑둥치에 굵은 금줄이 쳐지고 수만 개의 촛불이 대오를 갖추어 빗방울 속으로 구령에 맞춰 걸어갔다.

56억 7천만 년 후 이 느티나무 아래에 한없이 자비로운 미륵불이 나타나 따로 다스릴 왕도 율령도 없는 용화세계를 펼치리라.

다 내리지 못한 빗방울이 반추하듯 시간 맞추어 이따금씩 발등 위에 떨어졌다.

적막(寂寞)

적막이라는 천막은 넓다
돌아가신 작은 아버지
장가갈 때 쳤던 차일만큼 클까
천막은 하늘을 가리고
마당가 대추나무 우듬지까지 덮었는데
그건 아주 작은 것이었다
천막 틈새로 내다본 온 우주가
다 적막 세상이다
너에게서 소식이 끊긴 후
나는 그만 적막강산에 들고 말았다.

비둘기 경제학

에든버러 광장 한가운데 서 있는
국부론의 저자 아담 스미스 머리 위에
집도 절도 없는
가난한 비둘기 한 마리 흰 물똥을 갈기고 날아간다

비둘기여,
보이지 않는 손이여,
안녕!

구름감상협회

이런 구름들 보셨는지요.

산 위의 구름. 구름 위 층층 쌓인 구름. 바다 위의 구름. 바다 깊이 잠긴 구름. (여기까지는 그저 그런)

바구니 가득한 조개구름. 솜털 뭉치 뭉게구름. 초원 위 곰실곰실 양떼구름. (아마도 보셨을 듯)

가을 깊어 떠나는 한 무리 새털구름. 별이 뜰 무렵 자작나무 숲을 붉게 물들이던 정체불명의 어떤 구름. 이런 구름 저런 구름 구름들.

(기기묘묘한 형상의 구름들, 정말 구름같이 많죠?)

지난해 놓친 가입원서 여기 있습니다.

비행기구름 걷힌 다음 꼼꼼히 빈칸 없이 작성하세요. 이름 옆에 도장 꾹 찍으세요.

(사인도 가능합니다.)

우리들 인생이 다 뜬구름 같다는, 뭐 그런 개똥철학 얘기 아니냐고요?

아닙니다. 진짜 구름 얘깁니다. 뜬구름 잡는 얘기 아닙니다.

(모처럼 맑은 하늘에 먹장구름 끼게 하지 마세요.)

손오공의 근두운처럼, 멧돼지가 파놓은 웅덩이 속 구름처럼 우리가 탑승한 열차 참 빠르게 휙휙 지나갑니다. 도저히 붙잡을 수 없습니다.

(참으로 그럽디다.)

자, 시간 다 되었습니다. 이번엔 꼭 가입하셔서 아름다운 구름들 잘 감상하시며 남은 시간 마음껏 즐기시길 바랍니다.

(곧 접수를 마감합니다.)

---

*구름감상협회(The cloud appreciation society): 영국에 본사를 두고 있음.

명품

발길에 채이고
찌그러지고 검게 때가 끼어서야 비로소
라면 한 그릇 뜨겁게 끓여내는
빈티지 냄비가 되었다.

고슴도치 사랑법

남들은 알지 못하는 일이다

불일암 뒤뜰 쑥부쟁이 꽃그늘 아래에서
두 마리 암수 고슴도치가 마주쳤다
번쩍이는 가시가 너무나 아름다웠다

첫눈 내리는 날
사랑에 빠진 고슴도치는 서로 꼭 껴안았다
가시가, 서로의 심장을 꿰뚫었다

한날한시 한 몸이 된 둘 위로
하얀 눈이 내려 쌓였다

눈 밝은 별들조차 미처 눈치채지 못하고
운수리 세찬 골바람도
이 작은 쌍분을 차마 어쩌지 못했다.

세한도 옛집

추사의 세한도, 아무리 봐도 초등아이 그림이다. 환갑 넘긴 노인네가 어쩌다가 어린아이가 되었을까. 이건 개학 전날 밤 방바닥에 엎드려 그린 방학숙제 그림이다. 무슨 집이 저 따위냐. 원근법도 없이 울타리며 과실수도 없이 선 몇 줄 그어 가난하게 그린 집, 어릴 적 고향집 외양간도 저거보단 낫겠다.

구불텅한 소나무는 아무리 봐도 추사의 '秋'자로밖에 보이지 않고 뻣뻣이 선 두 그루 잣나무도 엉성하기 그지없다. 내가 그려도 저거보단 잘 그리겠다. 고마움의 표시로 제자 이상적에게 그려준 그림이라는데 잘 그리는 난초나 몇 쳐서 낙관 꾹 찍어 줄 것이지 저렇게 썰렁한 집 한 채, 소나무 잣나무 대충 그려 주다니.

심성 착한 그도 이걸 받고서는 울화통이 냅다 치밀진 않았을까. 글쎄, 이 그림 달랑 한 장 던져 주더라니깐. 동네방네 입방아 찧고 다니진 않았을까.

비뚜름히 그린 집과 나무 몇 그루가 아무리 보고 또 보아도

으스스 썰렁하기만 한데 송수권 시인은 어떻게 이 그림을 보고 '한 폭의 그림이 질화로처럼 따숩다'고 한 걸까. 나는 보고도 보지 못하는 불치의 청맹과니다.

어, 춥다. 바람 매섭다. 따순 아랫목 이불 속에 들어 지붕 위에 풍성히 초가도 얹고 담장 두르고 마당가에 탱자나무도 두어 그루 더 심으며 못다 한 방학숙제 그림이나 마저 끝내야겠다.

휑하니 뚫린 달창 너머 소나무 잣나무 잎 더욱 짙푸르다.

은행나무의 침묵

여름 지나니
늙은 은행나무의 속내가 드러난다
노랗게 물든 나뭇잎 속
가슴팍의 혹처럼 주렁주렁 열린 열매들이
폭정의 세월을 견디며 감추어둔
그의 속내였구나
일제와 육이오와 엄한 군사독재와
오랜 반역의 업보와도 같은
뜨거운 재가 메밀 싹의 가는 발목을 움켜쥐는
역사의 척박한 화전 밭을
저벅저벅 맨발로 건너신 아버지
종내 침묵하던 이유도 저와 같았으리라
구린내 진동하는 열매, 이마저 없었으면
팔다리를 찢던 폭풍우
등가죽 맨살을 후려치는 땡볕 채찍을
차마 이겨내지 못하였으리
새들 떠난 여름 지나서야 비로소
저 은행나무의 속내를 알겠다.

발가락양말

발싸개 같은
에이, 거지발싸개 같은
눈 뜨고 밖을 나서면
거지발싸개를 늘 입에 달고 다니던 그가
정권이 바뀐 후에 어찌어찌 시의원이 되었다
하얀 발가락양말을 야무지게 신은 그가 일어나
좋은 세상!
당선 자축 건배사를 외쳤다
졸지에 거지발싸개를 두르게 된 우리는
아름다운 세상!
모두 한 목소리로 화답했다.

상상 파티

기웃기웃 옷을 고르다가 생각한다

사자도 멧돼지도 오랑우탄도
북극 설원의 흰곰도 옷을 입지 않는데
인간들만 왜 옷을 입을까

어느 시절에 털을 잃게 되었을까
털옷을 벗고 천 조각으로 몸을 가리게 되었는지
저 사과 한 알 때문이었을까
아담과 이브가 입었던 반지르르한 털옷

몸에서 옷이 자라나면 얼마나 좋으랴!

온몸 털 다시 돋는 약
누가 빨리 개발해주었으면 좋겠다
다시 무성한 털을 허하라

그래, 이거야

나는 목 좋은 데서 물감장사를 해야지
빨간색 파란색 하얀색, 병 하나만 던져도
세상은 일순 총천연색 시네마스코프 영화관
나는 신성일 너는 오드리 헵번
대치동에 빌딩 하나는 금방 사겠다

멋진 털 휘날리며 파티에 가는 상상을 한다
일곱 색깔 무지갯빛 알록달록
고운 털 휘감아 섹시하게 치장한 그녀가
멀리서 미소 지으며 손짓을 한다

오예!

학문의 전당

어둡고 좁은 길
구절양장 기나긴 터널을 지나
출구에 다다르기까지
지구별 누군가의 쓸쓸한 저녁
허기진 배를 채워주는
한 끼 따뜻한 밥이 되고자 했지만
그때까지였다,
단단히 마음먹고 문을 나서는 순간
눈앞에 펼쳐진 눈부신 신세계

나는 똥이었다.

제2부

한계령

시간은 환상에 불과하다는 어느 물리학자의 말

맞는 얘기인지 검증해보기 위해서는 시간이 좀 더 필요하다

한계령 꼭대기에서도 별은 너무 멀리 있으므로.

이스탄불의 물장수

행색을 보니 난민 아이가 틀림없다
졸졸 따라오는 그에게
거금 1달러를 손에 쥐어 주었다
앗, 폭격기가 방금 머리 위로 지나갔나
누가 대인지뢰를 땅에 묻어두었었나
죽순처럼 여기저기 갑자기 솟아난 아이들이
앞을 가로막고 나도 나도
악머구리 소리를 내며 다투어 손을 내민다
그래 알았다, 자 자 하나씩
서역 멀리 이스탄불의 종로 뒷골목
알량한 공평정책을 펴고 큰길을 나서니
댕댕댕댕 전차가 지나간다

맞아, 저 소리야
새벽마다 고요히 꿈길을 밟고 와
머리맡에 찬물을 쏴아 퍼붓고* 사라지는 북청 물장수
밤마다 천리 길 고향집 다녀오는
상처투성이 발이라도 흠뻑 적셔주면 좋으련만

아흐아 우어우어 아슈아드 알라 해이야 알랏쌀라 우어우어
—이 소리가 맞을 거야

새벽 아잔 소리에 눈 비비며 일어난
천년 모스크 사원의 뼈 앙상한 네 기둥이
앞서거니 뒤서거니 물지게를 지고
피에르 롯티 언덕을 오른다
비뚤비뚤 써 내려가는 낯선 글씨 위에
제주 한라산 중턱에서 담아온 생수 한 병
서둘러 콸콸 쏟아붓는다.

---

*김동환의 「북청 물장수」 중에서.

아나스타샤

아나스타샤, 그대와 나는 얼마나 먼 거리인가.

혁명의 포연 자욱한 광장 불 꺼진 복도를 맨발로 달려온 그대와 궁전 문 밖 기둥 아래에서 잿빛 하늘 한복판 길게 성호를 긋는 새 검은 눈망울에 비친 순간의 빛으로나 다시 조우하였으니. 봄 아지랑이 오르는 두엄 밭 복사꽃 분분한 동쪽 먼 나라의 사내로 환생하여 아득한 시간 돌아 나 여기에 왔으니.

아나스타샤, 그러나 이곳은 아직 길고 긴 동면의 나라.

제국의 마지막 공주가 어느 곳에 어깨 웅크려 고이 잠들어 있는지. 이삭성당의 금빛 돔 햇살에 데워지고 네바 강의 얼음물 풀려 오랜 잠에서 깨어 종종 내게 달려오기 전까지 전혀 알 수 없구나.

마법사 라스푸틴의 요사스런 말들만 천 개의 방 가득 번쩍이는 황금으로 눈 어지러운 겨울 궁전.

그래 돌아가자, 돌아가서 십이연기 윤회의 어느 외진 골목길에서 다시 만나자. 이명처럼, 종소리처럼 귓전에 울며 맴도는 음유시인의 노래 나귀 등에 올라타서 바람에 펄럭이는 깃발 배웅을 뒤로하고

아나스타샤, 나의 공주 오래 잠든 겨울 궁전을 떠나네.

엉뚱한 손님

퀴센의 한적한 시골마을을 지나는 중이다
드넓은 벌판의 외딴 농가
하얀색 작은 창문마다 꽃들이 걸려 있고
처마 밑에 가지런히 장작이 쌓여 있다
저 집 참 부자로구나!
늙은 농부는 아직도 눈빛 고운 아내를 위해
힘든 줄도 모르고 장작을 팼을 터
벽난로 앞에 마주앉아
앨범 속 손주들의 모습을 손 바꿔 넘겨보며
도란도란 기나긴 대륙의 밤을 건널 터
나는 예의 없고 경우도 모르는 낯선 객
막무가내로 불쑥 대문을 열고 들어가
장작불 따끈따끈 지핀 방 아랫목에 누워서
청솔가지처럼 무거워진 몸
자글자글 한 두어 시간 지졌으면 좋겠네
늦가을 햇살에 금괴마냥 반짝이는
먼 나라 농갓집 장작더미에 마음을 빼앗겨
이런 생뚱맞은 생각을 한번 해보는 것이다.

엘리베이터를 타고 소풍을 가다

'사건의 지평선'을 넘어 중심으로 들어갈수록 시공간은 휘어지고 점차 느려지다가 종내는 고장 난 엘리베이터처럼 멈추어 버린다고 한다. 시간마저 멈추므로 허공에 그대로 떠 있는 엘리베이터— 시계의 시침 분침도 돌지 않는 이런 세계가 있다니!

복사꽃 화르르 피어나고 달도 참 밝은 날, 나는 세상일 젖혀놓고 저 보름달 속 높은 산에 오르리라. 내일은 화성의 파도치는 해변에 닿았다가 모레는 명왕성으로 달려가 행성의 지위를 잃고 땅 깊이 처진 그의 어깨를 오래도록 토닥여 주어야지.

오, 멀리 지평선 너머 미소 짓고 있는 그대여! 빛과 어둠, 내 불손한 과거와 아직 오지 않은 날들까지 세상의 모든 것을 빨아들이는 이여. 둥근 달 이울고 크로노스의 낫으로 서산마루에 걸릴 때 오천 수백만 광년 저 먼 곳 처녀좌의 M87 블랙홀, 시간마저 멈추어버린 그대의 푸른 뜰로 최신식 엘리베이터를 타고서 소풍을 떠나리라.

여우, 꼬리에 비밀을 감추다

여우를 숭배하는 아프리카 도곤 부족이 최초로 시리우스별을 발견했다고 한다. 태양보다 스무 배나 밝은 별 시리우스, 그곳에서의 시간과 태양계에서의 시간은 같지 않다. 궁금하지만 빛도 팔 년을 넘게 가야 하는 별, 너무 멀다.

평사리 최참판댁 탱자나무 우듬지 가시 끝에 자벌레의 마른 몸이 붙어 있다. 그는 어느 별로 우화를 한 것일까. 온몸으로 일생 동안 나무를 올랐을 텐데 그가 한 걸음 한 걸음 나무를 오른 평생의 시간과 무심히 그 집 뒤란을 걷는 내 소소한 시간의 길이는 같을까, 다를까.

서희도 길상이도 별로 돌아간 오리온좌 삼태성 부근 어느 동네, 앞서거니 뒤서거니 함께 이주한 아프리카 도곤 부족의 지혜로운 촌장님이 길게 목을 빼고 섬진강 주변을 샅샅이 살펴보고 있다. 그 밝은 눈 아래 잿빛 긴 꼬리에 열쇠를 감춘 여우는 곧 발각이 되고 말 것인가.

비밀의 상자는 이내 열리고 말 것인가? 뒤란을 돌아와 마당을 서성이는 나는 어떤 자벌레로 꼬물꼬물 그의 눈에 비치는지? 궁금하여, 은하수 깊은 밤하늘을 오르는 종이 등처럼 타오르며 시리우스, 멀고 먼 별을 향해 높이높이 우화등선을 하리라.

트로이 전쟁 징비록

이것은 순두부 국물 위에 뜬 막처럼 연약하다. 이 막을 수호하기 위해 다이아몬드보다 강한 의지와 고인돌보다 굳건한 관습, 거룩하고 엄숙한 신앙으로 무장을 하고 몰려오는 적들과 용감히 맞서 싸웠다.

설마가 사람 잡는다, 목마를 성에 들이지 마라! 잠깐 방심하는 사이 들어온 목마, 뱃속 깊숙이 숨어 있던 정예병들이 밀물처럼 쏟아지며 공격을 개시한다. 중과부적이다. 강도보다 도둑보다 종교가 더 힐난을 받는 요지경 세상에서 무구한 처녀들이 맨몸으로 손톱을 세워 적들과 싸워야 한다. 피를 쏟으며 기어이 막은 뚫리고 말 것인가? 성은 정복되고 말 것인가?

그러나, 죽음과 탄생이 우리들 세상의 법칙. 소멸은 곧 신비로운 창조의 어머니. 용감무쌍한 전사들이여, 우리는 시간의 중원을 가로질러 장강처럼 대대손손 흐르고 있으니 그 아픔과 희생을 잊지 않고 있으니 부디 슬퍼하거나 노여워하지 말지어다.

순두부의 순결에 대해 종일 입방아를 찧는 경박한 족속들아, 보이는 막보다 보이지 않는 마음의 막이 실은 더 값어치 있음을 아는가. 뭇 아마조네스여, 횡행하는 세상의 미투여. 그대들의 장렬한 전사를 기리고 벌거벗은 임금님의 투명한 옷이야말로 뺏기지 말아야 할 성루의 깃발임을 후대에 길이 전하기 위해 치열했던 이 전쟁의 기록을 몇 줄 문자로 남기노라.

양들의 식탁

밤 깊어도 이불을 덮지 못하는
알몸의 구릉들이 솥뚜껑처럼 펼쳐진 땅
얼굴 까만 저 스코틀랜드 양들
조선의 독립군마냥
만주벌 같은 이곳에 남부여대 이주를 왔을 게다
낮인데도 낮 아니고 밤도 밤 아닌 곳
차디찬 들판에서의 풍찬노숙으로
얼굴 먼저 검게 그을린 저 양들의 아침 식탁에
한양읍성에서 공수해온
따뜻한 장터국밥 한 그릇 올려주고 싶다.

꿈꾸는 사과박스

명품 옷 명품 가방
명품 시계를 차고 명품 신발을 신고
온갖 폼 다 잡으며 길을 나서는 이여
부티와 뷰티는 발음부터 다른 것을
빈티와 빈티지는
글자 하나밖에 차이 나지 않음을
알고 있는지

박스오피스 앞을 서성대는 빈 박스여
안개 짙은 바닷길 마다않고
오매불망 보물 탐사선이 찾아 헤매는 것은
요란스레 치장한 상자가 아니라
그 속의 반짝이는 보물인 것은
알고 있겠지

네가 꿈꾸고 있는 것이
핫한 게 아니라 헛되고 헛된 것이라는 걸
알고는 있는지, 조용히 묻는다.

크로마뇽인 레시피

늦은 세수를 하고
얼굴에 스킨로션 밀크로션을 문지르다가
조물주도 손재주 하나는 참 꽝이로구나, 깨닫는다

세상없는 찌질이라도 송편이나 만두는
대여섯 개 정도만 연습하면
예쁘게 탐스럽게 빚어낼 수 있으련만
수수만 년 동안 수천억 번 빚은 모양새가
이 꼴이라니!

뭉개어 반죽부터 다시 하고 싶은
형편 나카무라 상 같은 졸작에 혀를 차다가

혹 너무 피곤하시기 때문?

그만 식상하신 탓?

이제 그만 레시피를 바꿀 때?

>

거울 속에 비친
그의 속내를 곰곰 생각해보는 것이다.

다시 바빌론 강가에서

모든 사람들이 지구에서 출발하여 우주사막 '죄'(sin) 한복판에 이르렀다. 지구를 떠난 지 두 달 하고도 보름이 되는 날이었다. 사막에서 그들은 차라리 지구에서 하나님의 손에 죽었더라면 더 좋았을 것이라며 불평과 원성을 쏟아냈다.

떠나온 하늘 멀리 횃불처럼 활활 지구가 타오르고 있었다. 그 불빛이 너무 밝고 강렬하여 사막에 어지러이 찍힌 발자국들까지 환히 다 비추었다.

—BC와 AD는 폐하고 어둠과 혼돈, 방랑의 시대가 도래하리라.

하나님이 깊이 탄식하며 다시 이르시되, 빛이 있으라 하니 빛이 있었고 보시기에 좋았더라. 손을 들어 빛과 어둠을 나누사 빛을 낮이라 부르시고 어둠을 밤이라 부르시니라. 곧 저녁이 되고 아침이 되었다.

안타레스별 바빌론 강가, 은하수 다방 뒷골목 끝에 위치한 낡은 주택에서의 전입 첫째 날, 떠나온 지구를 생각하며 실향민들은 너나할 것 없이 주저앉아 꺼이꺼이 울었다.

---

*출애굽기와 창세기 일부 인용.

종합선물세트

파리 몽마르뜨 언덕에서의 일이다.

뒤처져서 같이 걷던 전남 구례읍 봉서리가 고향인 박삼례 여사가 말하기를, 저 인간과 처음 만나던 날 내게 건네준 무슨 무슨 표 종합선물세트에 씌워 시집을 갔노라고 조곤조곤 얘기했다.

핸드백이 아니라 양산이 아니라 원피스가 아니라 반지 목걸이가 아니라 사각의 종이 상자 안을 가득 채운 알록달록한 사탕과 과자며 치약 비누가 오색영롱한 보석으로 눈에 반짝거려서 그날로 날을 잡았다나 그 다음날 날을 잡았다나, 어쨌거나.

언덕 위에 올라 파리 시내를 휘 한번 조감한 후 덧붙이기를, 내가 무신 팔자가 요로코롬 좋아 이런 귀경을 다 해본다냐, 지금 가만 생각해보니 눈에 넣어도 아프지 않을 자식 손주며 집이며 종합선물세트는 내가 다 만들었지라. 저 인간은 끝까정 손이 안 가는 참말로 맛대가리 없는 과자인데도 빼도 못하게 꼬롬 세트 중간에 징하게 앉아 있구마이.

숙소 가는 길에 들른 쁘랭땅백화점에서 박삼례 여사는 기어이 까아만 거시기똥 가방 하나를 그 인간 머리 위에 얹어 앞세우고 의기양양하게 계산대로 향했다.

그러지라, 그러지라 자기 선물세트는 자기가 손수 맹글어 부리는 것!

뱃삯

파리는 안개에 젖어 있지 않았다
다만, 에디트 피아프의 노래가 강을 거슬러
삐걱거리며 노 저어 왔다
그녀의 목소리가 아닐지도 모른다
가로등이 수련처럼 피어나는 저녁
나는 후회하지 않아요
삶의 상처도 고통도 지나고 나면 그뿐—
그녀의 익숙한 노래가 닻을 내린
샹젤리제 거리 장미꽃 넝쿨진 찻집 앞에서
낡은 목선을 타고 지중해를 건너온 아이가
한사코 손을 내밀었다
그래, 네 고향은 어디인고
라일락 향기가 옷자락을 적시던 이곳에
더 이상 안개는 끼지 않는다
그녀는 이미 오래전에 노래를 거두었다
뜨거운 빛이 목덜미를 태우는 도시
독침을 세운 전갈들만 골목마다 가득하다
아이야, 이건 지중해 푸른 물결 넘어

삶의 상처도 고통도 별로 떠 반짝이는
황금빛 모래언덕 마을
네 고향으로 돌아가는 뱃삯이다.

어떤 눈

퍼뜩 이런 생각이 들었다.

내가 보고 있는 저 화면, 실은 TV의 눈동자다!

내가 저를 보듯 TV도 눈을 켜고 조용히 나를 응시하고 있다.

저 깊은 눈동자 속에 주말 드라마가 있고, 그 드라마 같은 생이 있고

수명이 다하여 산 아래 묻히고

어떤 TV는 고장이 나 수년간 대학병원에 입원하고

어느 TV는 핵이며 사드 아랑곳없이 밥도 먹고 술도 먹고 잘만 웃고 떠든다.

남자TV 여자TV 잘난TV 못난TV 노인네TV 애들TV.

여우TV 코뿔소TV 쇠똥구리 전갈 고등어 문어 뻐꾸기 참새, 오래오래 전의 흑백TV 명왕성TV 마귀할멈성운TV.

커다란, 아주 커다란 눈동자 속 겨자씨보다 작은 무한의 TV TV들 오늘도 눈을 반짝이며 정연한 질서를 유지하고 있다.

저 수많은 눈동자들 언젠가는 아주 작은 빛으로 가물거리다가 흔적도 없이 사라질 터 종내 불씨 꺼지고 말 터인데,

내 눈 꺼진 후에도 다른 TV들은 멀뚱멀뚱 눈을 뜨고 있을

지는 도무지 알 길이 없다.

밤 깊었다 그만 자자.

TV 전원을 끄고 우주선에 올라 아득히 먼 꿈의 나라로 떠나야 할 때다.

누가 큰 눈을 뜨고 잠자는 나를 가만히 내려다본다.

나를 떠난 눈, 광활한 어둠 속에서 촛불 한 자루 밝힐 뿐.

봄날의 가벼운 담소

다시 돌아온 봄,

잎 지고 잎 돋고 잎 지고 다시 잎 돋고 동네 어귀 저 오랜 느티나무 가지에 달린 수천수만의 나뭇잎 중 하나와 우연히 눈이 마주친다.

단단한 골반뼈도 오래오래 전에 바람이 되어버린 태곳적, 옆 동굴의 한 마리 오스트랄로피테쿠스였을까. 사과나무 뒤 숲속에서 이브를 범한 아담으로부터 시작되었을까.

몇 방울의 물, 그 아들의 그 아들의 그 아들의 그 아들의 그 아들의 손자, 손자의 손자가 떨군 작은 물방울 씨앗.

하늘을 다 가린 화산재 속에서도 마르지 않고 대기근 대홍수에도 살아남아 이어지고 1차 2차 세계대전을 거쳐 페스트 장질부사 지독한 전염병에도, 임진왜란 한국전쟁에도 요행스레 생존하여 면면히 이어져 지금까지 내려온 지엄한 사실에 대해,

뉴턴도 다윈도 호킹도 물 한 방울 남기고 스러지고 마침 해도 제법 길어진 날, 동병상련 그대와 난 서로 같은 처지 아닌가. 햇빛 맑고 그늘도 넓은 이곳에서 우리 어디서부터 시작하였는지, 끈질기게 이어지는 고리 그 끝은 대체 어디인지 숨김없이 남김없이 까발려서,

봄바람처럼 가볍게 살랑살랑 얘기 한번 나눠보세.

퇴고사(推敲史)

머리카락 한 올이 이빨 사이에 낑겼다
손가락으로 집어 빼내려 했으나
잡았다 빠지고 잡았다 또 빠지고
침은 주루륵 흘러내리고
에라, 모르겠다 그냥 내버려두었다

잡지사에 보낼 시 몇 편을 수정하다가
몇 번 입맛을 다시던 중
술러덩 머리카락이 그냥 혀 위에 올라왔다
고거 참 시원하다!

시(詩), 잘 고쳐졌는가 보다.

제3부

좋은 이름

할무이, 진지 잡쉈능겨
응, 누고
옆집 상철 아범 아입니꺼
점심때쯤 다시
할무이, 밭에 가시니껴
응, 누고
바로 옆집 상철 아범 아입니꺼
저녁나절 또 누구냐고 묻자
상철 아범 그만 큰일 났다 싶어 얼굴 바짝 들이대며
딱 보이 이제 알겠능겨
할머니 잠시 뜸을 들이다가 설핏 미소 지으며
응, 딱 보이구나!
상철 아범 그 이후로 멀쩡한 제 이름 놔두고
딱보이로 불린다
딱봉이, 쌀 댓 말은 족히 주었어야 할
할무이 치매도 고치는
참 좋은 이름이다.

상수리나무의 비밀

물고기는 그냥 물고기다
원숭이는 그저 원숭이고 나무는 본시부터 나무였다
물고기가 땅에 올라 원숭이가 되지 않고
원숭이가 사람으로
사람이 나무가 될 턱도 없는데
그렇게 각자 스스로 존재하는데
어떤 이는 일체유심조(一切唯心造), 세상 모든 게 다
마음이 지어낸 거라고 얘길한다
오늘 상수리나무로 회귀한 한 사람 곁을 지난다
팻말 걸어두지 않았으면
이 은밀한 진화를 아무도 알지 못하였으리라.

희망, 대한민국

요새 아덜 국수 먹는 거 보면
나라가 참 큰일이다
복스럽게 음식을 먹어야 집안이 잘 되는 법인데
젓가락에 돌돌 말며 저렇게 깨작거리니
들어오던 복도 그만 꽁지 빠지게 도망가고 말것다
복실인지 순실인지 하는 요물 생겨난 게
다 이유가 있는 뱁이여
국수란, 젓가락 깊이 꽂아 넣고 이렇게—
두고 온 좌판 응시하며 할머니는
그릇에 엎어져 쭈우욱 국수를 빨아 댕긴다
그 힘에 몇 가락은 올라오다 휘어지며
콧등을 쳤는가 말았는가
순식간에 휘이익 입으로 빨려 들어간다
그릇 높이 들어 남은 국물마저 깨끗이 들이키며
꺼억, 복스럽게 점심 드신 후
서둘러 자리에서 일어서신다
우리나라는 아직
저 할머니 때문이라도 희망이 있다.

경천(敬天)

몇 번이나 망설이고 망설였을까

마침 오늘밤
이화에 월백하고 은한은 삼경인제*
아득한 하늘 뒤로하고
발을 박차고 지상으로 뛰어내리는
저 눈부신 직선의 결기

비겁하게 삶을 구걸하지 말고
대의에 죽는 것이 어미에 대한 효도다
딴 맘먹지 말고 죽어라
너의 수의를 지어 보내니 이 옷을 입고 가거라
하늘님 거기 계서 내 아들 거두고 늙은 어미 뒤쫓는 날
조국의 푸른 하늘 푸른 새 되어 다시 만나자
*아들아, 내 사랑하는 아들 중근아***

망초꽃 가득한 여순감옥 언덕 위
한 줄기 꼿꼿한 빛의 길

깜깜 허공 속에 연기처럼 사라질지언정
휘거나 돌아가지 않는다
저 하늘 우러러
단연코 한 점 부끄러움 없다
망설임 없다.

---

* 이조년의 시조 중에서.
** 제목은 안중근 의사의 유묵 글씨, 모친 조마리아 여사의 편지 차용.

도시의 흉년

비를 피하려는데 처마가 없다

이런 야박한 것들!

지붕도 없는 도회지 빌딩 숲에서
나는 너무 오래 살았다

착하고 속 깊은 집 처마 밑에 앉아서
조록조록 낙숫물 듣는 소리

사치스럽게, 오래오래 듣고 싶다.

귀가

어부들이 길을 잃는 것은
바다 위에 뜬 달 때문
둥근 배를 밀며 밀며 은하수를 건너는
푸른바다거북 때문
하늘 높이 분수를 쏘아 올리는
저 대왕고래 때문

어린 별들이 놀다가 지쳐
잘 가, 응 잘 가
뿔뿔이 흩어져 바다로 돌아가는 것은
그만 놀고 밥 먹어라
하늘가 노을 붉게 번지는 메아리
엄마가 집에서 부르고 있기 때문.

고즈넉한 때

고즈넉, 이라는 말 생각만 해도
월정사 가는 숲길
나뭇가지에 걸린 저녁연기처럼
사방이 금세 고즈넉해지네

고즈넉, 하다는 말 입에 넣고 굴리면
소반 위 갓 우려낸 따뜻한 홍차가 되어
아늑히 마른 가슴이 젖어드네

풀 돋은 기왓장 위 높은 구름
상사화 혼자 불타오르는 그 집 앞마당 혹은
정숙한 여인의 발목을 가린 치맛자락에 대해
맞춤한 말 찾아 시(詩) 쓰기 난감할 때
고즈넉, 이라는 말
흰색 코고무신마냥 발에 딱 맞는 말이네

아아, 고즈넉, 하다는 말
오래 머금다가 입술에 나지막이 흘리면

고즈넉, 이라는 말조차 알지 못하는 먼 나라
거기 외진 시골동네에도
반가운 손님처럼 가을이 찾아들 걸세

그대 어깨 위에 손을 얹고
참 고즈넉한 때 아닌가, 그렇잖은가?
넌지시 물어보면
미소 지으며 그냥 고개만 끄덕이면 되네.

만선

만선인교?
하모, 나야 늘 만선이제
죽을 둥 살 둥 몇 날 며칠 파도와 싸우다가
안개만 가득 싣고 항구에 돌아와서도
만선 씨는 태연하다
배 만선보다 마음 만선이 더 중요하다며
어부 배만선 씨는 껄껄 웃는다
오늘도 만선인교?
거럼거럼, 하모하모
내가 만선 아니면 누가 만선인겨, 허허.

마술 손

오랜 겨울가뭄 끝에
포대를 찢고 쏟아져 내리는 싸락눈
앞치마로 고이 받아
시래기 자분자분 썰고 된장 풀어 넣고
무쇠솥 가득 죽을 쑤었다
올망졸망 검은 눈의 새끼 오소리들
두리반에 둘러앉아
다투어 숟가락을 내밀었다
놋쇠양푼 소리 쟁쟁 울릴 때까지
어머니는 뒷전에 앉아
끝내 수저를 들지 않으셨다
알 수 없다, 지금도
싸락눈으로 보글보글 시래기죽을 끓이시는
어머니의 그 신비스러운 마술을.

가을 나비

호숫물에 비친 나뭇가지 위로
산비둘기 한 마리 미끄러지듯 날아들다가
앗, 다급히 하늘로 솟구친다
그 소란에 붉은 단풍 몇 잎 날아올라
수면 위 제 떠난 나뭇가지 끝에
날개를 접으며 내려앉는다

겸상

늦게 방에 들어서니
네모난 달이 먼저 찾아와 밥상 앞에 앉아 있다
고맙다,
오늘 저녁은 혼밥을 면하겠구나

시(詩)야, 미안하다

집집마다 사발통문이 돌려지고
쥐도 새도 모르게 삼삼오오 모여든 회의장
눈치채고 들이닥친 반대 당이
고이 품었던 명패와 밥사발을 패대기치고
사이에 낀 어느 당은 묵사발이 되고
주모자 몇몇은 각목과 발길질에
죽사발 나게 얻어터지고
훈구, 서림, 서인, 동인, 노론, 소론, 벽파, 시파,
남인, 북인, 수구파, 개화파, 자주파, 사대파,
대파, 양파, 쪽파, 이도 저도 아닌 무당파
에라이, 이게 나라냐?
똥오줌 가득한 요강사발이나 하나 받아라

시(詩)야, 미안하다 이걸 시(詩)라고.

상처 받은 마음들에 대하여

저 송충이도 마음이란 게 있을까
솔잎으로 통통히 살찌운 몸
직박구리 날 선 부리에 난데없이 찍힐 때
송충이는 얼마나 억장이 무너져 내렸을까
저 동박새도 마음이 있을까
날카로운 매 발톱에 채여 허공에 매달릴 때
그는 얼마만큼 낙심천만 하였을까
동백처럼 그만 툭, 머리를 떨구고 말았으리
개미며 딱정벌레며 대왕거미며 두꺼비며 생쥐며
허리 잘린 구절초며 뿌리째 뽑힌 잡풀이며
저기 저 넘실대는 푸른 강물과
순례자의 손에 들려진 한 점 돌멩이도
다 마음 다칠 때가 있다, 진짜다.

물속의 부석사

얘야, 땅에 넘어지면
땅을 딛고 일어서라는 말 있지 않니
너희는 푸른 바다에 넘어졌으니
파도를 딛고 일어서렴
진도 앞바다 깊은 바다 속 춥고 무서우면
내 어깨를 밟고 일어서거라
사랑하는 이 좇아 황해를 건너는 선묘처럼
거센 물결 딛고 사뿐 건너오려무나
아녀자의 작은 사랑조차 거두지 못한
경전의 얕은 행간도 깨치지 못한 얼간이가
신라국의 땡초 의상뿐이랴
너희가 무사히 뭍에 다다를 때까지
하루가 여삼추, 또다시 수수천년 세월을
발목 잘린 새이거나
무량수전 뒤뜰의 공중에 뜬 돌이 되어
우리, 지상에 발도 딛지 못하리니.

까만 눈

첫눈은 처음 내리는 눈
온 대지를 덮을 듯 펄펄 내리지만
속눈썹 위에 수줍게 내려앉기도 하지만
첫눈은 처음 오는 눈이기에 쌓이지 않는다
다른 눈들이 이어져 눈을 가리면
하얗게 잊히고 마는 첫 눈
봉평초등학교 1학년 3반 교실
내 조그만 하늘 다 가리며 펑펑 퍼부어서
태기산 골짝 깊이 아직도 잔설로 남아 있는
생전에 첫 마주친 눈.

이사

집을 보러 온 젊은 부부가 귓속말을 했다
노인네가 사는 집이네
그렇다, 나도 마누라도 강아지도
어느새 많이 늙었다
걸맞은 새 집을 구했는지
그들은 다시 찾아오지 않았다
예쁜 아기 낳고 풋풋하게 잘 살아라

봄이 저만치 앞장서서 이사를 가고 있다.

제4부

꽃의 시간

꽃을 보고 있다
꽃이 나를 보고 있다

나를 보는 꽃을 내가 다시 보고
꽃을 보는 나를 꽃이 다시 보고

나는 꽃을 보고
꽃은 나를 보고
나를 보는 꽃을 내가 바라보고
꽃을 보는 나를 꽃이 또 바라보고

나를 보는 꽃을 바라보는 나를 꽃이 보는
꽃을 보는 나를 바라보는 꽃을 내가 다시 보는

언제부터였을까
우리 눈 마주친 영원의 시간은

꽃의 기억

모든 꽃은 기억이다

내가 보는 꽃
내가 만지는 이 꽃잎들도
단지 기억일 뿐

꽃이여,
네가 아무 형체도 없는
바람결 한 줄기에 불과할지라도
내게로 오렴, 나에게 와서
심장을 열고 언제든 꺼내 볼 수 있는
따스한 기억이 되어주길

나도 너에게로 가마
벌처럼 나비처럼 네 속에 들어
한 닢 기억으로 너에게 새겨지고 싶다

꽃의 형체도

꽃잎에 새겨진 의미조차도
첫 눈발처럼 흩날려 부서지는
기억의 책갈피 속
마른 압화 한 송이일 뿐이지만.

달걀프라이 꽃

망초, 개망초라 했지만
너는 달걀프라이 꽃이라 응답하는구나
누가 망할 꽃, 잊어야 할 꽃이라고 부르는가

유월의 들판마다 시도 때도 없이 솟는
그리움의 식탐을 위해 마련한 성찬!
프로방스 아를의 열다섯 송이 해바라기 밑둥치든
우랄산맥 바리키노의 자작나무 숲 부근
혹은 전동성당 앞마당의 작은 화단에까지
푸른 별 곳곳마다 너는
맛있는 달걀프라이를 준비해두었구나

보잘 것 없는 망초, 저도 욕심이 없으랴
마당 넓은 집 정원의 붉은 장미처럼
눈웃음 흘리며 도도히 꽃피고 싶지 않으련만
그러나 잊어야 하는
잊고 살아야 하는 것도 있으니

달걀프라이를 뜨겁게 부치는 이여,

그리운 것은 하늘에 올라 별이 되고
솔섬 앞 개펄에 물 높이 차오르는 밤이면
별똥별로 내려 자잘한 꽃으로
사방팔방 피어나는 것을 행여 알고 있는지

색채도 버리고 크기도 버리고
흔하디흔한 작은 들꽃으로 지켜 서서
잊지 마세요, 물망초가 아닌 망초
잊어 달라며 조용히 흔들리는 저 꽃을
부디 용서하시길

해와 달도 구별 안 되고
그리움조차 까마득 잊힐 날 곧 오더라도
들판마다 익어가는 달걀프라이 진수성찬에
길 위든 길 밖 어디서든
바구니 가득 채워 든든한 소풍길이 되겠구나.

농단 시대

꿈을 꾸는 것 같았다

단봉낙타가 쌍봉의 새끼를 낳았다
볼록 솟은 혹이 한 개가 아니라 두 개!
저, 저 잡것이
눈 덮인 파미르 고원 너머 먼먼 데 살고 있는
쌍봉낙타의 새끼를 낳았다는 것인데
이를테면 조선의 배우 누군가가
까만 얼굴 아기를 낳았다는 것인데

울음소리 어우러져 사막에 번지고
눈마다 등불을 켠 늑대들이 사구 위에
하나 둘 모습을 드러냈다
이러려고 내가 새끼를 뱄었나
자괴감이 들고 괴로워서—

그러나 온갖 세상사는
바람에 쓸리는 한 톨 모래알 같은 것

바람에 쓸려 이내 묻히고 마는 것

검은 허공을 응시하는 낙타의 눈에는
유난히 푸른 별 하나
멀리서 아득히 반짝이고 있을 뿐

단봉낙타가 쌍봉의 새끼를 낳은 것은
저 먼 나라 얘기일 뿐이야, 그렇지?
새끼 낙타의 쌍봉 혹을 슬피 어루만지다가
놀라서 꿈에서 깨어난다

가을볕에 잘 익은 큰 별 작은 별이
후두둑 머리 위에 알밤으로 떨어진다.

그냥, 웃지요

호두나무 그림자가 해와 정반대 방향으로 간다. 더도 말고 덜도 말고 해가 하늘도로를 지나는 딱 그만큼씩만 반대로 간다. 눈에 띄는 모든 걸 다 무시하며 툇마루에 앉아 있는 나도 개무시하며 반대로 반대로만 간다. 헛 참.

아내와 바다

늙은 어부가 담담히 얘기했다

바다와 한 몸 되어 살았지만
돛 높이 올리고 포구를 나서면
지금도 가슴이 뛰어요

바다는 마녀 같아요
장롱 거울 속처럼 내내 잠잠하다가도
촛불에 아차 눈썹을 태운 듯
머리 쥐어뜯으며 마구 고함도 질러대요
아무 데나 그만 달아나고 싶지요

그래도 평생 바다를 벗어날 수 없어요
바다는 바로 제 아내거든요.

춘자야, 춘자야

경운기 사고로 춘자가 죽은 후
춘자 엄마는 춘식 엄마로 이름이 바뀌었다
바뀐 이름이 입에 익지 않은 주위 몇몇이
종전처럼 춘자 엄마라고 불렀다가
그녀의 눈물벼락을 호되게 맞은 이후
잠결에도 화들짝 놀라며
춘식 엄마, 춘식 엄마 열심히 외우곤 했는데
오늘 그 이름 때문에 또 사단이 나고 말았다
어떻게 그럴 수 있냐고
춘자가 들으면 얼마나 섭섭하겠냐고
주저앉아 꺼이꺼이 눈물콧물바람을 하는 통에
더 이상 그녀를 부를 이름이 마땅치 않다
환갑 늙은이를 새댁으로 부를 수도 없고
사모님 아줌마 할머니도 아니니
이걸 어쩌간, 이를 어째쓰까
오늘 단오 맞이 계모임에서도
춘자 엄마를 새로이 부를 이름에 대해
아무런 결론을 내리지 못하였다

소쩍새가 눈치도 없이
춘자야~ 춘자야~ 밤새 울어댔다

화려한 예식

청첩장 혼주 난에
김용두 고(故) 이행숙 이름이 나란히 박혀 있다
이행숙 여사, 그녀도 많이 망설였으리라
우리는 서로 얼마나 먼 거리인가
산 이들의 축제에 내 이름 올려도 될까
행여 딸에게 폐가 되진 않을까
그러나 기왕 마음먹고 이름 굳게 박은 청첩장
당일 아침 일찍 잠깐의 외출 허락을 받아
시간 맞춰 서둘러 식장엘 가야지
딸과 함께 미장원에서 머리 곱게 손질 후
분홍 꽃 코사지 왼쪽 저고리에 달고
오랜만에, 실로 오랜만에
짙고 화사한 화장으로 야윈 얼굴 감추고
어허, 대체 신부가 누군겨
엄마가 곱고 예쁘단 얘길 들어야지
그래야 내 딸 어깨를 펴지
이행숙 여사, 결혼식이 아직 달포나 남았는데
텅 빈 예식장에 몰래 숨어들어

한복 고운 자태로 사뿐사뿐 걸어보며
자리에 앉아 우아한 미소도 지어 보이며
열심히 열심히 연습하고 계시다
참 화려하고 성대한 예식이 되리라.

니르바나의 저녁

운길산 높이 날며 우는 새여

낮게 날아야 풀잎 위 벌레가 보이고
수종사 저녁예불 종소리
두물머리 수련 밭에 물그림자로 스미듯
나지막이 울어야 사랑을 얻을 수 있지

나이 드신 저 강은 알고 있는 거야
석탑도 그늘을 찾아 자리를 비운 칠월
땀 밴 등짐 벗어 백담사 문고리에 걸어놓고
인제 원통 지나 자라섬을 돌아
날개를 펴고 팔당 높은 댐 훌훌 넘어서
낮은 곳으로 낮은 곳으로 내려야 비로소
바다에 이를 수 있지
마하연으로 출가한 임진을 다시 만날 수 있지

그래, 경전은 버렸는가

늙은 도반끼리 서로 야윈 어깨를 토닥이며
애기봉의 아쉬운 불빛을 뒤로하고
해 더불어 고즈넉이 바다에 드는 것을.

보물찾기

친구여,
어떠한가 그대의 소풍은
보물은 찾았는가

눈 밝히고 몸 부려 애를 쓰지만
우리가 은연 중 찾는 것은
짝짓는 거 먹이 구하는 거 지위를 갖는 거
—섹스. 돈. 명예.
생각하는 거며 행동거지며 모든 게 다
이 세 가지로 집약이 된다 하네

말도 되지 않는 헛소리!
나는 킬리만자로의 표범처럼 울부짖으며
힘껏 용을 써보았으나
손 뻗으면 날아가는 잠자린 줄 알았으나
세 가지 울타리가 돌담처럼 견고하다

소풍 끝나갈 저녁 무렵

이게 웬 떡인가, 엉겁결에
늙은 너도밤나무 밑둥치에서 찾아냈으나
아무것도 들어 있지 않은 꽝
붉은 노을만 상자 가득 들어 있는.

오팔팔

청량리 588골목엔 하얀 날개 달린 천사가 있다.

천사를 목격한 사람이 한둘이 아니다.

두 다리를 잃은 불구자며 돈 없는 군바리며 척 봐도 알 수 있는 무일푼의 가난한 이웃에게, 눈길조차 주지 않는 쭈구렁텅 상노인네에 이르기까지 천사는 아낌없이 자기 몸을 나눠주곤 했는데 행여 그들이 마음 다칠까봐 천 원이나 이천 원 라면 한 그릇 값은 꼭 받았다고 한다.

재개발로 건물이 철거되기 시작한 이후에도 자그마한 체구에 유난히 눈이 맑은 흰 드레스의 천사를 보았다고 하는데 근처 가나안교회 담장에 개나리꽃이 흐드러진 어느 봄날 지상에서의 잠깐 외출을 마무리하고 곧 헐리게 될 두 평 남짓 작은 방에서 잠자는 듯 조용히 천상으로 복귀하였다고 한다.

엄하기 이를 데 없는 보문사 극락전의 염라대왕조차 행여 늦을세라 버선발로 달려 나와 천상의 문을 활짝 열어젖혔다고 이구동성 얘길 하는데,

추적추적 봄비라도 내리는 날이면 지금도 불 꺼진 골목길을 서성대는 가난한 사내들 앞에 환하게 미소 지으며 다가서는 천사의 모습을 두 눈으로 똑똑히 본 사람이 또한 한둘이 아니다.

나도 봤다.

동쪽 이상국 전(傳)

동쪽 영(嶺) 부근 마을에 성은 틀리나 이름에 상(相)자 돌림 쓰시는 성님 한 분 계신다.

이 양반 세상살이가 꽤나 신출귀몰하여 양양농협에서 정년퇴직한 후 할 일 마땅찮다고 울산바위 꼭대기에 별들이 묵고 가는 민박집을 내는가 하면,

소 팔고 돌아오는 강선리 사람 허리춤 붙들고 어머이 같은 여자가 말아주는 장칼국수 좀 사고 가라 느닷없이 찐짜를 부리기도 하고 또 어떤 날은 훠이훠이 남쪽 영덕까지 단숨에 날아가 절름발이 개를 붙들고 차부 앞마당에서 한 판 되우 뜨기도 한다.

인근 산속이며 송지호 영랑호 겨울 물속 사정까지 훤히 꿰고 있는 도량으로 밥벌이도 안 되는 시인(詩人)의 업을 늘그막에도 지속할 모양이신 것 같은데,

명성에 어울리지 않게 허술한 구석이 있어서 서울 야바위

꾼에게 주머니를 몽땅 털리고 난 후 혜화역 4번 출구에 망연자실 서 있었던 과거사를 웬만한 조선 사람이면 다들 알고 있다.

어성천 늙은 물이 무얼 알겠냐, 나 오늘 짓다 만 절 찾아 산으로 갈란다, 어둠을 옷처럼 입고 다닌다 등등 순 땡초 같은 소리를 마구 지껄이고 다녀도 누가 감히 이런 저런 토를 달거나 대거리를 하지 못하는 것은,

울산바위 면벽하며 닦아온 그의 무공이 실로 예사롭지 않을 뿐 아니라 무엇보다 그 지방에서 대를 이어 면면히 내려온 사투리 비술을 조자룡 헌 칼 쓰듯 마구 휘두르기 때문인데, 어쨌든 세간의 무림에서는 감히 그를 대적할 상대가 없다는 것이 중론인데

동네 뒷산 정기가 전부인 나 영새 촌놈이 술김에 객기로 넌지시 한번 대들다가 단칼에 밑둥치가 싹둑 잘리고서는 싸움이 이렇게 허무하게도 끝나는가, 분하여 빠드득 옥시기를 갈

기도 했었다.

머이 머스마가 남사스럽게 이리 주디이가 싸나.

그래 그래, 나는 영(嶺) 너머
말 많은 세상에서 너무 오래 살았다, 돌아가자.

나 이제 남대천 늙은 연어처럼
상(相)자 돌림 성님의 오랜 수행 터, 짐승같이 털 깊고 무성한 어둠 깃든 따뜻한 남설악 자궁에 들어
백 열댓 근 곤한 몸 길게 길게 눕혀보고 싶네.

관아에 고변된 사건의 전말은 이러했다

젖을 물리는 것과
젖을 빨리는 것은 틀려요
손 귀한 집 아들을 낳고 다들 그러듯
허연 젖통 자랑스레 내놓고 다녔지요
보리밭에 몰래 숨어 있다가
내 젖꼭지 냅다 빨고 도망치던 그 총각
짧은 저고리 소용없이 당기며 다짐했어요
수수밭가 외진 길에서 마주치면
복길이네 화소 같은 그놈 등짝 후려치며
눈 한번 크게 흘겨 주어야지 했는데요
으스름 저녁 마주치고 보니
나도 몰래 삐죽이 솟는 젖꼭지 그만 숭스러워
올려 뜬 눈 넌짓 내려 감고
수수밭 깊은 곳으로 얼른 먼저 도망갔어요
그뿐이었어요, 정말.

효자동의 아침

애야, 흰 봉다리 하나 다오
아버님 봉다리가 뭐예요?
봉지, 하얀 비닐봉지 하나 달라니깐
까만 건 안 되어요?
에이, 꺼먼 봉다리를 어떻게 들고 가누
백 봉지를 달라니깐
아침 목욕 댕겨 오시려는 상구 할아버지와
부엌의 며느리 목소리가
두부장수 방울 소리마냥 쟁쟁 울리는
골목 안쪽 끝 푸른 대문 집
허어, 언능 줘 시간 없어
아침부터 하얀 봉지며 꺼먼 봉다리며
좀 거시기하게 들리는지
마루 밑 누렁이는 데룩데룩 눈만 굴리는데
마루 문 드르륵 열며 할머니 손을 휘젓는다
옛수, 백 봉지
꺼먼 거믄 어떻구 흰 거믄 어떻구 노인네가
허어, 할망구 저, 저 말뽄새—

손끝을 떠난 하얀 봉다리가
날개를 펴고 훨훨 마당을 가로지른다.

무청 말리는 법

새끼줄에 무청을 매달고 있을 때
할머니께서 넌지시 한 말씀하셨다
무청은 부뚜막이나 햇볕에 걸면 안 되고
응달에서 오래 말려야 하니라

싹둑싹둑 단호히 목을 자르신다

잘 마른 시래기 한 뭉치가
환한 빛에 쌓여 응달에 앉아 계시다

발자국 어지러운 길 혹은
양달과 응달의 경계에 서서 망설일 때
시퍼런 칼날이 목에 선뜩 닿는 순간에도
할머니 말씀을 생각하면
잘 마른 시래기처럼 참 마음이 가벼웠다.

해설

낡아버린 세계와 기억의 안간힘

이정현(문학평론가)

시간에 경계를 지으면서 인간은 바빠졌고 합리적인 존재가 되었다. 그러면서 인간은 시간에 정교하게 갇혀버렸다. 시간을 임의적으로 분할했지만 그것을 제어할 수는 없기 때문이다. 시간에 갇혀버린 인간이라는 고독한 존재 앞에 시간과 계절은 생성과 소멸을 거듭하면서 스쳐간다. 혹자는 서정시의 상투성을 가지고 낡음을 논하기도 하지만 그런 논의는 인간은 원래 시간과 함께 낡아가는 존재라는 자명한 사실을 외면하려는 욕망과 연루되어 있다. 서정시가 여전히 창작되고 많은 사람들이 음미하는 까닭은 인간은 누구나 필연적으로 낡고 초라하게 제 삶을 마치는 존재라는 사실과 맞닿아 있다. 황상순의 『비둘기 경제학』은 낡아갈 수밖에 없는 존재인 인간의 상투성에 담긴 비의를 응시한 기록으로 읽힌다. 먼저 해고된 자의 빈 책상을 무심히 비추는 햇살을 본다.

태풍 지난 후
그가 떠난 빈자리로 모처럼 햇살이 찾아왔다
응, 어디 갔지? 어디 갔을까?
바람에 흔적 없이 쓸려간 것을 모르는 듯
눈치 둔한 햇살은 종일토록
주인 잃은 책상을 어루만지고 있다.

—「권고사직」 전문

정리해고, 권고사직, 구조조정과 같은 살벌하면서도 합리적인 용어가 누군가의 삶을 타격해도 자연은 그저 무심할 뿐이다. 우열과 부로 사람을 가르고, 빠른 계산이 오가는 동안 계속 누군가는 낙오되고 지워진다. 그들의 존재 가치를 따지고 목소리를 듣는 것은 비효율적인 계산으로 취급된다. 이런 세계의 구조는 견고하지만, 그 의미체계는 한순간에 무화되기도 한다. 시인은 그 찰나를 표제작 「비둘기 경제학」에서 짧게 묘사한다.

에든버러 광장 한가운데 서 있는
국부론의 저자 아담 스미스 머리 위에

집도 절도 없는

가난한 비둘기 한 마리 흰 물똥을 갈기고 날아간다

비둘기여,

보이지 않는 손이여,

안녕!

—「비둘기 경제학」 전문

인간의 이기심을 긍정하는 아담 스미스의 이론은 여전히 세계를 지배하는 강력한 원리로 작동한다. 대부분의 인간들은 그가 설파한 이론에 따라 자신의 이기심을 효율과 합리로 포장하면서 죄책감을 덜어내고 이윤을 추구한다. 이렇게 구축된 숫자와 논리의 세계에서 자연은 '활용가능한 자원'의 보고로 전락하고 만다. 망가진 자연과 거대한 콘크리트 건축물들은 이 세계의 대표적인 표상이다. 우리는 고통스럽지만 거기에서 벗어나는 것은 낙오자가 되는 것이라는 강박에 시달리면서, 산다. '나'의 이기심과 타인의 이기심이 만나 어떤 이윤을 생산하리라는 긍정을 꿈꾸면서. 그 꿈은 늘 배반당하기 일쑤다.

도시에서 한낱 무해한 짐승 취급을 받는 비둘기는 간단하게 아담 스미스의 동상에 물똥을 싸 갈기고 사라진다. 잠시만 생각을 달리하면 이 세계의 질서를 거스르는 것은 간단한 일이다. 비둘기의 반란을 목도한 이후에 시적 화자는 명품 물건을 '빈티지 냄비'(「명품」)에 불과하다고 말하고, 묵묵히 시간을 견디는 나무의 속내(「은행나무의 침묵」)를 응시하면서 "시간은 환상에 불과하다는 어느 물리학자의 말"(「한계령」)을 곱씹기도 한다. 그러나 마땅한 출구는 보이지 않는다. 기껏해야 "빈티와 빈티지", "부티와 뷰티"는 "글자 하나밖에 차이 나지 않"(「꿈꾸는 사과박스」)는다는 헛헛한 농담만이 입가에 맴돌 뿐이다.

2부에서 시적 화자는 국경을 넘어 다른 나라의 풍경을 돌아보지만 궁핍과 차별, 상처는 도처에 존재한다. 고작 '나'가 할 수 있는 일이란 이스탄불에서 마주친 난민 아이에게 "거금 1달러"(「이스탄불의 물장수」)를 건네거나 독일의 시골 퀴센의 어느 농가의 장작더미를 보면서 따뜻한 잠자리와 이방인에 대한 환대를 기대하는 일이다. 국경을 넘어 떠도는 나그네의 방황이 담긴 2부의 시들에서 시인이 갈망하는 것은 숫자로 모든 것을 가늠하는 세계의 출구다. 그러나 국경을 넘어도 보이는 풍경은 어디서나 비슷하다. 시적 화자의 방황은 자본 앞에 국경은 무의미하다는 어느 경제학자의 말이 진실임을 확인하는 일에 불과하다. 파리의 어느 거리를 배경으로 쓴 시에서는 지중해를 건너다가 사망한 아이의 시신으로 떠들썩했던 몇 해 전의 뉴스가 포개진다. 화자는 난민 아이에게 건네는 돈을 아이가 고향으로 돌아가는 데 필요한 '뱃삯'이라고 명명하지만,

그런 마음의 기저에는 잔혹하고 견고한 세계의 질서에 대한 환멸과 탄식이 깔려 있다.

파리는 안개에 젖어 있지 않았다
다만, 에디트 피아프의 노래가 강을 거슬러
삐걱거리며 노 저어 왔다
그녀의 목소리가 아닐지도 모른다
가로등이 수련처럼 피어나는 저녁
나는 후회하지 않아요
삶의 상처도 고통도 지나고 나면 그뿐—
그녀의 익숙한 노래가 닻을 내린
샹젤리제 거리 장미꽃 넝쿨진 찻집 앞에서
낡은 목선을 타고 지중해를 건너온 아이가
한사코 손을 내밀었다
그래, 네 고향은 어디인고
라일락 향기가 옷자락을 적시던 이곳에
더 이상 안개는 끼지 않는다
그녀는 이미 오래전에 노래를 거두었다
뜨거운 빛이 목덜미를 태우는 도시
독침을 세운 전갈들만 골목마다 가득하다
아이야, 이건 지중해 푸른 물결 넘어
삶의 상처도 고통도 별로 떠 반짝이는

황금빛 모래언덕 마을
네 고향으로 돌아가는 뱃삯이다.

—「뱃삯」 전문

국경을 넘어 외국을 떠돌던 시적 화자는 귀환 이후에 과거의 풍경을 응시한다. 이것은 단순한 퇴행 현상과는 다르다. 현실에 만족하지 못하는 자가 안온한 과거를 인위적으로 재구성한 다음 거기에 고착되는 것이 퇴행이라면, 화자의 언어에 담긴 과거의 풍경은 현재형이다. 그리고 화자는 끊임없이 어떤 대상을 향해 말을 건다. 그 말은 독백이자 진혼곡이고, 사소한 일기이면서 닿을 수 없는 편지이기도 하다. 이를테면 "지붕도 없는 도회지 빌딩 숲에서 나는 너무 오래 살았다"(「도시의 흉년」)는 화자의 말은 탄식 어린 독백이지만 일기나 편지로도 읽힌다. 농촌과 바닷가의 풍경이 담긴 시들은 삶의 비애와 어우러진 향토적인 풍경화가 된다. 그리고 그 안의 인물들은 복잡한 은유를 통과하지 않으면서도 시간의 분할에 휘둘리지 않는 개별적인 삶들을 대변한다.

늙은 어부가 담담히 얘기했다

바다와 한 몸 되어 살았지만
돛 높이 올리고 포구를 나서면

지금도 가슴이 뛰어요

바다는 마녀 같아요
장롱 거울 속처럼 내내 잠잠하다가도
촛불에 아차 눈썹을 태운 듯
머리 쥐어뜯으며 마구 고함도 질러대요
아무 데나 그만 달아나고 싶지요

그래도 평생 바다를 벗어날 수 없어요
바다는 바로 제 아내거든요.

—「아내와 바다」 전문

바다를 "제 아내"로 삼고 한평생을 살아온 어부의 삶을 논하는 데 세속의 가치는 적합하지 않다. 전혀 효율적이지도 않고, 그가 파도에 시달리면서 지낸 시간에 알맞은 기준은 없다. 다만 그는 세속의 체계에서 '직군'으로만 분류될 뿐이다. 도회지의 빌딩숲에서 시달려온 시적 화자를 위로하는 것도 더 많은 숫자가 아니라 이미 옛사람이 된 고인이 일상에서 건넨 말들이다. 우리는 대개 환산이 불가능한 것들의 소중함을 알고 있지만, 우리 각자가 그것을 쉽게 잊지 않을 때 숫자로 규정되는 세계의 순환은 어려워진다. 그러므로 이 세계에서는 망각과 환상이 권장된다.

새끼줄에 무청을 매달고 있을 때
할머니께서 넌지시 한 말씀하셨다
무청은 부뚜막이나 햇볕에 걸면 안 되고
응달에서 오래 말려야 하니라

싹둑싹둑 단호히 목을 자르신다

잘 마른 시래기 한 뭉치가
환한 빛에 쌓여 응달에 앉아 계시다

발자국 어지러운 길 혹은
양달과 응달의 경계에 서서 망설일 때
시퍼런 칼날이 목에 선뜩 닿는 순간에도
할머니 말씀을 생각하면
잘 마른 시래기처럼 참 마음이 가벼웠다.

—「무청 말리는 법」 전문

숫자의 세계에서 벗어나 기억의 풍경들을 더듬던 화자는 말할 수 없는 미물들에게도 말을 건넨다. 언어를 가지지 못한 존재, 이를테면 자연이나 생명체를 다룰 때 이 세계는 활용가치와 환산가치를 가늠한다. 땅값은 개발 가능성에 의해 결정되고, 동물의 가치는 애완과 전시의 가능성으로 나뉘며 곤충과 식물은 식용(食用)과 판매의 가능성을 기준으로 분류하는 식이다. 화자는 가치가 희미한 존재들에게 말을 건네면서 그들의 가치를 다시 가늠한다.

저 송충이도 마음이란 게 있을까
솔잎으로 통통히 살찌운 몸
직박구리 날 선 부리에 난데없이 찍힐 때
송충이는 얼마나 억장이 무너져 내렸을까
저 동박새도 마음이 있을까
날카로운 매 발톱에 채여 허공에 매달릴 때
그는 얼마만큼 낙심천만 하였을까
동백처럼 그만 툭, 머리를 떨구고 말았으리
개미며 딱정벌레며 대왕거미며 두꺼비며 생쥐며
허리 잘린 구절초며 뿌리째 뽑힌 잡풀이며
저기 저 넘실대는 푸른 강물과
순례자의 손에 들려진 한 점 돌멩이도
다 마음 다칠 때가 있다, 진짜다.

—「상처 받은 마음들에 대하여」 전문

이런 시들을 3부와 4부에 배치한 이유는 1부와 2부에 수록된 시들에 담긴 풍경과 일종의 짝패를 이루기 때문이다. 이를테면 '권고사직'된 사람과 '난민 아이'의 모습은 자연에서 살아가는 사소한 생명들과 겹쳐진다. 명품 쇼핑을 하면서 환희를 느끼는 자들의 모습(「종합선물세트」)과 난민 아이에게 '뱃삯'을 건네는 자가 같은 공간(파리)에 놓여 있듯이 말이다. 숫자—체계가 생성한 질서에서 낙오되어 지친 자들의 모습과 아직 그 질서에 포획되지 않은 풍경—기억을 마주 보면서 우리는 이 세계의 기묘한 아이러니와 마주하게 된다. 낡은 것을 혐오하는 세계에 익숙한 우리에게 위안을 주는 것은 오히려 낡거나 사라진 것들이지 않은가. 낡거나 사라진 것들이라는 표현 대신에 '외면된 것들'이라고 읽어도 무방하리라. 이 아이러니를 통과하면서 서정시의 상투성은 극복된다. 처음에는 상투적으로 읽혔던 아래의 시를 다시 음미하게 된다. 서정시의 기묘한 아이러니가 작동한 탓이기도 하지만 무엇보다도 우리는 모두 점차 낡아가는 인간이라는 사실을 깨닫게 되기 때문이다.

모든 꽃은 기억이다

내가 보는 꽃
내가 만지는 이 꽃잎들도
단지 기억일 뿐

꽃이여,

네가 아무 형체도 없는
바람결 한 줄기에 불과할지라도
내게로 오렴, 나에게 와서
심장을 열고 언제든 꺼내 볼 수 있는
따스한 기억이 되어주길

나도 너에게로 가마
벌처럼 나비처럼 네 속에 들어
한 닢 기억으로 너에게 새겨지고 싶다

꽃의 형체도
꽃잎에 새겨진 의미조차도
첫 눈발처럼 흩날려 부서지는
기억의 책갈피 속
마른 압화 한 송이일 뿐이지만.

—「꽃의 기억」 전문

이 세계는 이미 낡았고, 인간도 낡아간다. 이 사실을 외면해야만 상품 판매와 이윤 추구의 환등상이 유지된다. 나약한 인간은 많은 것은 외면하고 그 환등상을 향해 질주하겠지만, 그 속도를 늦추거나 걸음을 멈추는 것이 그리 대단한 일이 아님을, 많은 서정시들이 우리에게 알려준다. 낡음과 새로움의 기준은 시간의 분할에서 비롯된 것이지만 자연의 끊임없는 생성과 소멸은 시간의 분할과는 무관하게 지속되기 때문이다. 망각에 저항하는 방식은 거창한 것이 아니다. 기억한다는 것은 단지 필사적으로 자신의 과거를 재생하는 것과는 다른 일이다. 그것은 보이지 않았던 것들을 발견하는 것이고, 자각하지 못했던 것을 느끼는 일에 다름 아니다. 그러니까 미물에 불과한 생명을 '마음을 가진 존재'로 다시 보는 것이고, 실직자의 책상을 무심하게 비추는 햇살을 보면서 간단히 처리된 타인의 오후를 상상하는 일이다. 이렇듯 망각에 저항하는 기억은 감각의 문제이기도 하다. 그 감각은 오감(五感)의 영역에 국한되지 않는다. 그것은 낡아가고 죽어가는 존재들을 향한 친밀감에서 싹튼다. 친밀감은 다시 보기와 상상하기를 가능하게 한다. 그리고 소멸을 향해 나아가는 존재들이 서로를 확인하도록 이끈다. 이런 생각을 하면서 처음에는 말장난처럼 읽혔던 시를 다시 읽었다.

꽃을 보고 있다
꽃이 나를 보고 있다

나를 보는 꽃을 내가 다시 보고
꽃을 보는 나를 꽃이 다시 보고

나는 꽃을 보고
꽃은 나를 보고
나를 보는 꽃을 내가 바라보고
꽃을 보는 나를 꽃이 또 바라보고

나를 보는 꽃을 바라보는 나를 꽃이 보는
꽃을 보는 나를 바라보는 꽃을 내가 다시 보는

언제부터였을까
우리 눈 마주친 영원의 시간은

—「꽃의 시간」 전문

마지막 연을 제외하고 모든 행에서 '본다'라는 어휘가 반복된다. 보는 것을 보는 자를 보는……. 한 마디로 요약하자면 '본다'라는 서술어의 연쇄작용으로 구성된 텍스트다. 이 단순한 시에 기억과 친밀감을 대입하니 마음이 복잡해졌다. 그리고 이 텍스트를 보고 이런 질문을 스스로에게 던져 보았다. 보이지 않던 것을 보려는 노력은, 이 낡아버린 세계를 얼마나 바꿀 수 있겠는가. 시집의 텍스트들을 들춰보면서 나름의 답을 이렇게 적어본다. 망각을 강요하는 세계에서 다른 존재들을 다시 보고자 하는(기억하려는) 노력은 낡은 세계를 새롭게 만들거나 망각에 물든 인간들을 구제할 수는 없을 테지만, 그

노력은 낡은 세계에서 그저 무력하게 소멸되지 않고 살아내고 싶다는 마음을 생성시킨다고 말이다.

이 도서의 국립중앙도서관 출판시도서목록(CIP)은 서지정보유통지원시스템 홈페이지(http://seoji.nl.go.kr)와 국가자료공동목록시스템(http://www.nl.go.kr/kolisnet)에서 이용하실 수 있습니다.(CIP제어번호: CIP2019045474)

시인동네 시인선 118

비둘기 경제학

ⓒ황상순

초판 1쇄 인쇄 2019년 11월 22일

초판 1쇄 발행 2019년 11월 29일

지은이 황상순

펴낸이 고영

책임편집 서윤후

디자인 헤이존

펴낸곳 문학의전당

출판등록 제2017-000002호

주소 서울시 마포구 마포대로 11길 91, 3층

전화 02-852-1977 팩스 02-852-1978

전자우편 sbpoem@naver.com

ISBN 979-11-5896-444-3 03810